AF280971

Das Bewusstsein der Folter

– Überfremdung durch Geflüchtete –

von Ayleen Lyschamaya

Musubi-Führung der Welt

https://www.am-ziel-erleuchtung.de/

ayleen-lyschamaya-musubi/

Bibliografische Information der Deutschen Bibliothek: Die Deutsche Bibliothek verzeichnet diese Publikation in der Deutschen Nationalbibliografie; detaillierte bibliografische Daten sind im Internet über http://dnb.ddb.de abrufbar.

ISBN: 978-3-7597-9568-7

1. Auflage 2024;

© 2024 Ayleen Lyschamaya

Verlag: BoD • Books on Demand GmbH, In de Tarpen 42, 22848 Norderstedt

Druck: Libri Plureos GmbH, Friedensallee 273, 22763 Hamburg

Inhaltsverzeichnis

Folter, Geflüchtete und Bewusstsein

Folter, Geflüchtete und zugrundeliegend das Bewusstsein hängen direkt miteinander zusammen. Während Folter ein globales politisches Thema ist, spielt sie in sonstigem gesellschaftlichen Kontext eher nur eine untergeordnete Rolle. Dies liegt unter anderem mit daran, dass Folter so unangenehm ist, dass sich lieber nicht mir ihr beschäftigt wird.

Insbesondere in Hinblick auf Geflüchtete bringt das Thema Folter in innere Konflikte. Das eigene Mitgefühl ebenso wie Täteridentifikation werden berührt. Weltanschauungen stehen zur Diskussion und Ängste, beispielsweise vor einer Islamisierung, werden ausgelöst. Schuldgefühle werden geweckt, sich für die Geflüchteten mehr einsetzen zu müssen oder auch gesamtgesellschaftlich als Mitverantwortung für die Weltsituation.

Innere Ambivalenz ist schwer zu ertragen und deswegen wird entweder weggeschaut oder sich mit einem Standpunkt identifiziert und alles andere bekämpft. Diese beiden Vorgehensweisen beruhen auf Verdrängung. Verdrängung ist immer nur eine Notlösung des Bewusstseins, um Entlastung von unerträglichen Gefühlen zu schaffen.

Dieses vorliegende Buch dagegen bietet eine Lösung an, die nicht auf Verdrängung, sondern auf der Erfahrung und Kenntnis des vollständigen und gesunden transzendenten Bewusstseins beruht.

Musubi, der Schöpfergott, erklärt aufgrund des Weltbewusstseins, wie mit Geflüchteten umzugehen ist.

Die Historie der Folter

Wird im Internet recherchiert, beginnt die Historie der Folter üblicherweise im römischen Reich. Manchmal wird noch hinzugefügt, dass der eigentliche Ursprung der Folter nicht bekannt ist.

Im europäischen Rechtskreis kann davon ausgegangen werden, dass die Folter eigentlich im antiken Griechenland begann. Zur Folter im antiken Griechenland gehörte beispielsweise die Peitsche, das Rad, die Leiter, das Abschälen der Haut, das Aufhängen und das Einflößen von Essig in die Nase. Erst später waren es vor allem die Römer, welche die Folter zu einer Rechtsdoktrin entwickelten.

Die Evangelien berichten in der biblischen Kreuzigungsgeschichte, dass Jesus vor seiner Hinrichtung mit einem Flagrum gegeißelt worden ist. Das Flagrum war eine Art Peitsche mit mehreren Riemen, an deren unteren Enden Bleistücke befestigt waren. Dieses Folterinstrument, welches die römische Justiz vor allem bei Sklaven und Schwerverbrechern anwendete, war noch bis ungefähr 400 n.Chr. gebräuchlich.

Die Justiz im römischen Reich war hoch
entwickelt, führte aber zu grausamen
Strafen. Am bekanntesten dürften die
Kreuzigungen und der Tod in der Arena
sein, während die Enthauptung zu den
humaneren Todesarten gehörte.

Die Todesstrafen wurden nicht einfach
willkürlich verhängt, sondern erfolgten
nach differenziertem römischem Recht.
Dieses unterschied beispielsweise
zwischen Inhabern des römischen
Bürgerrechtes, deren

Gesellschaftsschicht und Untertanen sowie die Absicht der Tat.

Ein römischer Rechtsgrundsatz war, dass die Aussagen von Sklaven nur nach erfolgter Folter als glaubwürdig anerkannt wurden. Das heißt, unschuldige Menschen wurden völlig grundlos gequält. Doch Gewalt überschritt nur dann ihre Grenzen, wenn sie im Widerspruch zum sozialen Status des Opfers stand.

Da die Römer eine Verurteilung auch ohne Geständnis kannten, kann vor allem die Abschreckungswirkung grausamer Strafen als bedeutsam angesehen werden. In der römischen Arena dienten sie zudem der Unterhaltung der Bevölkerung.

Inwieweit es auch im germanischen Rechtswesen Folter gab, ist ungeklärt. Unstrittig ist allerdings, dass die Germanen das sogenannte Gottesurteil anwendeten. Das heißt, sie überließen Gott die Entscheidung.

Als Gottesurteil waren der Zweikampf und schmerzhafte Praktiken, wie beispielsweise das Barfußgehen über glühendes Eisen oder durch Feuer, üblich. Die anschließende körperliche Unversehrtheit oder die schnelle Heilung bestimmten das Urteil.

Beim Gottesurteil fehlte, zumindest vordergründig, die Absicht der Folter, gezielt Leid zuzufügen. Trotzdem waren auch die Gottesurteile körperlich schmerzhaft ausgerichtet und nahmen Verletzungen in Kauf.

Tatsächlich hätte stattdessen ebenso gut um ein göttliches Zeichen gebetet werden können. Alternativ wären außerdem Verfahren ohne körperlichen Schmerz möglich gewesen. Ein Beispiel dafür ist die „Gewichtsprobe" oder auch

„Wiegeprobe", welche manchmal in den Hexenprozessen angewendet wurde.

Für die Gewichtsprobe wurden die Frauen lediglich gewogen. Da Hexen fliegen konnten, so schlussfolgerte man damals, mussten sie über ein leichtes Körpergewicht verfügen. Das ergab sich daraus, so dachte man, dass die Hexen ihr Innerstes, ihre Seele, an den Teufel verloren hätten.

Bei der Gewichtsprobe hatten die Frauen eine echte Chance, unbeschadet zu überleben – wenn sie denn auf ein aufgeschlossenes Gericht trafen. Andernfalls wurden sie beschuldigt, die Waage durch die Macht des Teufels verhext zu haben.

Wenn es also durchaus schmerzlose und ungefährliche Verfahren zur Wahrheitsfindung gab, hatte es eine tiefere Ursache, dass so viele grausame Methoden geradezu bevorzugt wurden. Insofern enthielt auch das vorherrschende Gottesurteil eine misshandelnde Grundeinstellung gegen den Körper und kann daher der Folter gleichgesetzt werden.

Die christliche Kirche vertrat vor der Jahrtausendwende ein offizielles Folterverbot. Dieses wurde allerdings in der Praxis nicht eingehalten.

Nach dem Untergang des römischen Reiches gab es im Mittelalter ein

Gewohnheitsrecht ohne zugrundeliegende Systematik. Die Kirche erreichte den Höhepunkt ihrer Macht und verfügte über großen Reichtum. Es kam zu einem Konflikt zwischen der ausgebeuteten, armen Bevölkerung und dem Luxus der Geistlichkeit.

Aus diesem Konflikt heraus entstand ein Bedürfnis nach Recht und Gesetz, zumal zusätzlich Straßenräuber den Handel und Verkehr unsicher machten. Im 12. Jahrhundert wurde daher in Europa auf das römische Recht zurückgegriffen. Dieses Folter beinhaltende Recht verband sich dann mit der zuvor kircheninternen Inquisition. Durch die Folter wurden Schuldeingeständnisse erzwungen und weitere vermeintlich Schuldige benannt.

Die Folter breitete sich im 13. und 14. Jahrhundert in Europa aus und führte zu christlichem Antisemitismus. Bis ins 15. Jahrhundert hinein wurden Juden regelmäßig in den Gerichtsverfahren gefoltert.

Die Folter wurde, wie schon ursprünglich im römischen Reich, auch im Mittelalter zunächst auf die untersten Schichten der Bevölkerung angewendet. Erst allmählich breitete sich die Folter zunehmend weiter aus. Später, mit den Hexenprozessen zum Ende des Mittelalters und zu Beginn der Neuzeit, richtete sich die Folter hauptsächlich gegen Frauen.

Magie und Hexenglauben gab es schon in vorchristlicher Zeit. Doch verhängnisvoll wurde erst später die christliche Überzeugung von der Verbindung der Hexen mit dem Teufel. Die Hexen wurden, von Krankheiten über Hungersnöte bis hin zu Todesfällen, für alles Unheil verantwortlich gemacht.

Die damaligen Gerichtsprozesse dienten nicht der Wahrheitsfindung. Stattdessen wurde auf ein Geständnis hin befragt. Wurde dieses nicht gegeben, galt jede andere Antwort als Lüge.

Nach mittelalterlicher Auffassung brauchte eine Verurteilung entweder die Aussagen zweier glaubwürdiger Augenzeugen oder ein Geständnis. Diese

Verurteilungsvoraussetzungen wurden auf Bibelstellen gestützt.

Indizien oder lediglich ein einziger glaubwürdiger Augenzeuge reichten für eine Verurteilung nicht aus. Sie erlaubten aber die Folter, die dann zu dem Geständnis führen sollte. Offenbar wurde kein Problem darin gesehen, die höheren Anforderungen der Bibel an zwei Augenzeugen zu umgehen und stattdessen ein Geständnis zu erzwingen, weil die Schuld bereits feststand.

Die Folter wurde konkret gerichtlich angewiesen und in der Regel wurde schrittweise vorgegangen. Beispielsweise wurden die Folterinstrumente zuerst nur gezeigt, dann erklärt und schließlich berührt. Die körperliche Folter begann meistens mit Daumenschrauben. Mit einer Streckbank wurden die Gelenke gedehnt oder die Knochen aus den Gelenken gerissen. Wurden die Menschen an ihren auf den Rücken gebundenen Armen aufgehängt, führte das zur Auskugelung der Schultergelenke.

Wer unschuldig war, würde mit Gottes Hilfe die Qualen überstehen, ohne ein Geständnis abzulegen, war die damalige Überzeugung. Bei den Hexen wurde dies aber auch genau umgekehrt dahingehend ausgelegt, dass ihnen der Teufel geholfen hatte. Außerdem wurde bei Hexerei als Ausnahmeverbrechen so lange, so heftig

23

und so oft gefoltert, bis die erwünschten Geständnisse vorlagen.

Die Folter galt im Mittelalter nicht als Strafe, sondern war eine Maßnahme des Strafverfahrensrechts; hinter der sich aber sadistische Neigungen gut verstecken konnten. Das Feuer der Hexenverbrennungen sollte die vom Teufel besessene Seele reinigen.

Im 16. bis 18. Jahrhundert entwickelten sich in Deutschland allmählich eigene, vom römischen Recht unabhängige, zusätzliche Landesrechtsordnungen. Unter dem Einfluss der Aufklärung wurde 1775 in Deutschland das letzte Todesurteil gegen eine Hexe verhängt. Im 19. Jahrhundert lehnte das aufkommende deutsche Nationalbewusstsein römisches Recht ab.

Dennoch beruht ein großer Teil der Vorschriften des Bürgerlichen Gesetzbuches und viele der heute allgemein geltenden Rechtsgrundsätze auf römischem Vorbild. Das Bürgerliche Gesetzbuch trat am 1. Januar 1900 in Kraft.

Auch weiterhin wurde gefoltert. Im nationalsozialistischen Deutschland folterte die Gestapo politische Verbrecher. Politische Häftlinge in der ehemaligen DDR wurden ebenfalls gefoltert. Die DDR schaffte die Todesstrafe offiziell erst 1987 ab. 2004 wurde außerdem bekannt, dass während der Grundausbildung der Bundeswehr Rekruten bei nachgestellten Geiselnahmen gefoltert wurden.

Dagegen besagt Art.5 der Allgemeinen Erklärung der Menschenrechte der Vereinten Nationen von 1948: „Niemand darf der Folter oder grausamer, unmenschlicher oder erniedrigender Behandlung oder Strafe unterworfen werden." Weitere völkerrechtliche Folterverbote finden sich im Internationalen Pakt über bürgerliche und politische Rechte und in der Antifolterkonvention der Vereinten Nationen.

Das Folterverbot ist absoluter Natur, von welchem auch in Notfällen nicht abgewichen werden darf. Und dennoch kommt Folter weiterhin vor, beispielsweise in Belarus, Syrien, Südafrika, Ägypten und Mexiko.

Auch die Europäische Menschenrechtskonvention des Europarats und die Charta der Grundrechte der Europäischen Union verbieten Folter. In Deutschland ist Folter verfassungsrechtlich untersagt: „Die Würde des Menschen ist unantastbar."

Festhalten lässt sich, dass die Folterungen von legal zu illegal wechselten, aber weiterhin stattfinden. Die legalen Zielsetzungen und Begründungen für die Folterungen im historischen Zeitverlauf fielen unterschiedlich aus. Aus dem jeweiligen Zeitgeist heraus waren sie für die Menschen überzeugend.

Doch tatsächlich führten nicht die Begründungen zu den Folterungen, sondern die Folterungen waren im kollektiven Bewusstsein angelegt und schafften sich ihre Begründungen. Deswegen finden auch heute noch Folterungen statt, obwohl sie von höchster Ebene verboten sind.

Folter vor Christus

In vorstaatlichen Gesellschaften gab es ein ungeschriebenes Sippenrecht, welches Ausgleich durch die Sippe schaffte. Mit zunehmender Sesshaftigkeit wurden dann aber einheitliche und verbindliche Regelungen notwendig. „Leben für Leben" führte das Prinzip der Verhältnismäßigkeit von Tat und Schadensausgleich ein.

In der Zeit vor Christus war die Vorstellung vom göttlichen Ursprung der Rechtsprechung verbreitet. Gott als Hüter des Rechts würde in den Rechtsfindungsprozess eingreifen. Dementsprechend lassen sich Gottesurteile bis in die Anfangsphase der menschlichen Zivilisation zurückverfolgen. In den Volkserzählungen vieler Völker finden sich Gottesurteile.

Bereits ungefähr 2.100 v.Ch. enthielt die älteste schriftlich überlieferte Rechtssammlung, die des Zweistromlandes in Vorderasien, als Folter die Wasserprobe. Auch in zahlreichen weiteren alten Kulturen, beispielsweise im alten China und im alten Indien, wurden Gottesurteile angewendet. Inhaftierungen gab es nicht.

In China wurde bereits seit der Xia-Dynastie (ca. 2070 bis 1600 v.Chr.) Folter für die Aufrechterhaltung der Herrschaft als unerlässlich angesehen. In einem historischen Text heißt es, dass Yu der Große, der mythische Gründer der Xia-Dynastie, „körperliche Strafen verhängte, weil die Tugend der Menschen sich verschlechtert hat".

In das Rechtssystem des alten Chinas ging die Folter um etwa 2.100 v.Ch. als sogenannte „Fünf Strafen" ein. Dazu zählten das Tätowieren des Gesichts, das Abschneiden der Nase, die Amputation eines oder beider Füße, die Kastration und der Tod.

Eine alte chinesische Sammlung philosophischer Schriften aus dem 3. Jahrhundert vor Christus betont Bildung und Anstand und geht davon aus, dass „die menschliche Natur abscheulich ist".

Aus ihr wurde später die Folter des Todes durch tausend Schnitte abgeleitet, die auch in Vietnam und Korea angewendet wurde. Bei dieser Folter wurden über einen längeren Zeitraum hinweg mit einem Messer Teile des Körpers entfernt, bis schließlich der Tod eintrat. Diese Folter war Verbrechen vorbehalten, die als besonders schwerwiegend galten.

Für Frauen gab es im alten China ein anderes Strafmaß und auch die Vollstreckung war unterschiedlich. Beispielsweise für Vergehen, die Männer zu Eunuchen machten, kamen Frauen in Einzelhaft. Oder wenn Frauen zum Tode verurteilt wurden, mussten sie sich in einem erzwungenen Selbstmord unter Ausschluss der Öffentlichkeit das Leben nehmen.

Auf diese Weise umgingen die Chinesen das gesellschaftliche Tabu, eine Frau zu töten, weil alle Frauen das Eigentum von jemandem waren. Selbst eine Witwe war immer noch das Eigentum ihres verstorbenen Mannes.

Die Rechtsprechung des alten Indiens beruhte auf den Veden (ca. 1.200 bis 500 v.Chr.), einer Sammlung alter Hymnen und Gebete des Hinduismus. Aus ihnen wurden als Folter Prügel, das Abtrennen von Gliedmaßen, Brandmarkung, das Gießen von erhitztem Öl in ein Ohrloch und die Todesstrafe abgeleitet.

Zur Wahrheitsfindung wurden neben anderen Torturen häufig Feuer- und Wasserproben eingesetzt. Dazu gehörte beispielsweise, eine Münze in einem Topf mit kochendem Wasser zu ergreifen oder glühendes Eisen in der Hand zu halten. Eine weitere Folter bestand darin, ein ätzendes Getränk zu sich zu nehmen. Damals wurde geglaubt, dass das Getränk keinen Schaden zufügen würde, wenn die Wahrheit gesagt würde.

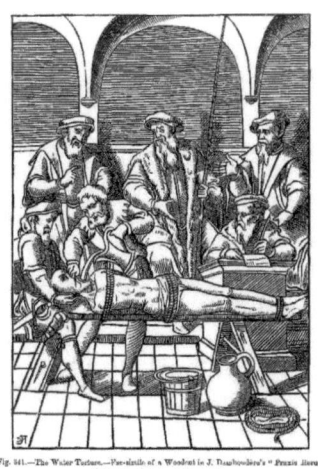

Fig. 341.—The Water Torture.—Fac-simile of a Woodcut in J. Damhoudère's "Praxis Rerum Criminalium:" in 4to, Antwerp, 1556.

Nach antiker indischer Ansicht wurde die ganze Rasse der Menschen durch Bestrafung in Ordnung gehalten. Im indischen Recht war die Verhängung von Strafen eines der wichtigsten Attribute der Souveränität. Der Herrscher war zugleich das Oberhaupt der Justiz.

In der indischen Antike galt Ashoka, der von 268 bis 232 v.Ch. regierte, als einer der größten Herrscher. Er wird noch heute für seine gerechte und friedfertige Herrschaft verehrt.

Zunächst allerdings ging er bei seinen Eroberungen mit äußerster Brutalität vor. Der Legende nach besaß Ashoka außerdem als grausamer und sadistischer Herrscher eine kunstvoll gestaltete, palastartige Folterkammer. Erst nachdem er Buddhist wurde, widmete sich Ashoka gezielt der Friedensförderung und der sozialen Wohlfahrt.

Dennoch blieb seine Widersprüchlichkeit auch weiterhin bestehen. So bereute er einerseits zwar öffentlich seine Gräueltaten bei der Eroberung Kalingas (ein Königreich im östlichen Mittelindien). Andererseits gab er aber Kalinga weder die Selbständigkeit wieder noch ließ er die Verschleppten zurückkehren. Widerstand bedrohte er mit dem Tode. Außerdem setzte er Großinspektoren ein, um die Verkündigung und Einhaltung der buddhistischen Lehre zu überwachen und gegen Widerstand vorzugehen.

Insofern ist Ashokas Friedfertigkeit weniger absolut als vielmehr in Kontrast zu seiner zuvor gelebten Grausamkeit und in Bezug zur damaligen Zeit zu sehen. Das indische Herrschaftswesen, so erklären es das bekannteste indische Epos „Mahabharata" und die offiziellen buddhistischen Lehrschriften, begründet seinen Ursprung durch sonst herrschende Gewalt und Unordnung.

Der Herrscher war seinem Volk gegenüber verpflichtet, die soziale Ordnung aufrechtzuerhalten und die Menschen vor Verbrechen zu schützen. Daher akzeptierten alle indischen Traditionen, einschließlich der gewaltlosen Religionen (Jainismus und

Buddhismus), dass ein gewisses Maß an Gewalt für Könige notwendig sei.

Eine jahrtausendealte, früher übliche Strafe für schwere Verbrechen in Süd- und Südostasien, insbesondere in Indien, war die Elefanten-Exekution. Die Elefanten waren meist speziell trainiert, um ihre Opfer gezielt zu foltern, beispielsweise durch das Zerquetschen oder Abreißen einzelner Gliedmaßen.

An Execution by an Eliphant.

Weitere Todesstrafen waren das Aufspießen auf einen Pfahl und verbrannt, geröstet, zerstückelt oder von Hunden aufgefressen zu werden.

Verstümmelungen waren schon für leichte Vergehen häufig.

Vom Herrschaftsrecht zu unterscheiden, ist die Blutrache. Diese war ein wesentlicher Bestandteil vieler vorchristlicher Gewohnheitsrechts-Ordnungen auf der ganzen Welt. Sie war eine sehr alte Form der privaten Vergeltung, welche die Familienehre, häufig in Form eines Clans, wieder herstellen sollte.

Die Blutrache beruhte auf dem Grundsatz, Gleiches mit Gleichem zu vergelten. Sie war bereits in den babylonischen Gesetzessammlungen ca. 2.000 v.Chr. enthalten.

Während die Herrschaftsgewalt auf Machtausübung beruhte, zielte die Blutrache auf Ausgleich. Der Übergang war allerdings fließend. Vor allem aber war letztendlich die konkrete Handhabung entscheidend. Diese beruhte auf dem Bewusstsein der Durchführenden in Verbindung mit den damaligen gesellschaftlichen Verhältnissen.

Folter im 21. Jahrhundert

Folter ist ein Thema der Vergangenheit und heutzutage weltweit abgeschafft? Die Realität sieht anders aus.

Gefoltert wird nach wie vor

Im 21. Jahrhundert legt die globale Vernetzung eine überstaatliche Betrachtungsweise nahe. In dieser Hinsicht spielen die Vereinten Nationen eine wichtige Rolle, denn ihr gehören fast alle Staaten der Welt an.

Von grundlegender Bedeutung für die – vermeintlich – weltweite Abschaffung der Folter ist die Antifolterkonvention der Vereinten Nationen. Diese verpflichtet die Vertragsstaaten, wirksame Maßnahmen zu treffen, um Folterungen zu verhindern. 1987 ist die Antifolterkonvention in Kraft getreten und wurde inzwischen (bis März 2024) durch 173 Staaten ratifiziert.

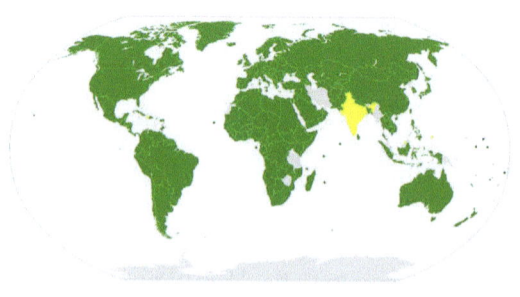

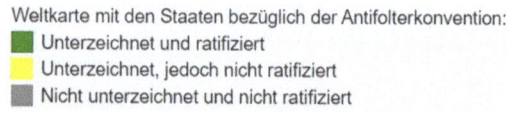

Weltkarte mit den Staaten bezüglich der Antifolterkonvention:
- ▇ Unterzeichnet und ratifiziert
- ▇ Unterzeichnet, jedoch nicht ratifiziert
- ▇ Nicht unterzeichnet und nicht ratifiziert

Die Antifolterkonvention ist völkerrechtlich verbindlich und wird vom UN-Ausschuss gegen Folter überwacht.

Sie definiert „Folter" und regelt Maßnahmen zur Verhinderung, Verfolgung und Bestrafung von Folter.

Nach Artikel 1 umfasst Folter ausdrücklich nicht solche Schmerzen oder Leiden, die sich lediglich aus gesetzlich zulässigen Sanktionen ergeben, dazu gehören oder damit verbunden sind. Das bedeutet im Klartext, dass die Gesetze der Vertragsstaaten nach wie vor Folter enthalten dürfen. Das heißt, Gesetze, die Auspeitschen oder Steinigung als Bestrafung vorsehen, sind weiterhin auch mit der Antifolterkonvention erlaubt.

Die Abschaffung der Folter ist also schon von ihrer völkerrechtlichen Vereinbarung her nicht gegeben. Betont wird zwar mit der Antifolterkonvention das Verbot der Folter, doch enthält sie tatsächlich genau umgekehrt zugleich die ausdrückliche Erlaubnis gesetzlicher Folter. Die Antifolterkonvention verlangt lediglich, dass Folter gesetzlich geregelt sein muss, dann darf weiterhin gefoltert werden.

Diesen rechtlichen Anspruch erfüllte die Folter bereits in der Antike und durchaus auch im Mittelalter. Ob sich für die Erlaubnis von Folter auf gesetzliche oder religiöse Regelungen berufen wird, macht keinen Unterschied.

Inwieweit Folter untersagt ist oder weiterhin erlaubt, hängt also im 21.

Jahrhundert rein vom Rechtssystem der einzelnen Staaten ab.

In Europa gibt es keine Körperstrafen mehr.

Weltweit werden allerdings Menschenrechte nach wie vor schwer verletzt. Sogar in Ländern wie Russland, Belarus, China, Mexiko, Südafrika, Syrien und Ägypten, welche die UN-Antifolterkonvention rechtskräftig bestätigt haben, werden Kritiker und Inhaftierte trotzdem oft gefoltert.

Die USA wendeten im Gefangenenlager Guantánamo ebenfalls Folter an. Noch im Jahr 2023 heißt es, dass die Haftbedingungen für die noch verbliebenen etwa 30 Inhaftierten nach wie vor menschenunwürdig seien.

Schläge in jedweder Form und mit Gegenständen, auch bis zum Tode, sind heutzutage die weltweit häufigste Form der Folter. Hinzu kommen Stromstöße, Gefangenschaft in schmutzigen und überfüllten Zellen mit oft drückender Hitze oder großer Kälte. Weitere Foltermethoden sind Scheinhinrichtungen oder Sauerstoffentzug beispielsweise durch über den Kopf gezogene Plastiktüten.

Der Übergang zur sogenannten „weißen Folter" ist fließend. Die weiße Folter greift vorrangig die Psyche an, sodass sie keine sichtbaren Spuren hinterlässt. Daher ist sie nur schwer nachzuweisen.

Zur weißen Folter gehören beispielsweise Schlafentzug, Reizentzug, Isolationshaft und Lärmfolter. Bei der Lärmfolter sind wiederum zusätzlich körperliche Hörschäden wie Ohrensausen und dauerhafte Hörminderungen zu erwarten.

Eine weitere weiße Folter ist die sogenannte „Stressposition". In dieser müssen die Opfer für lange Zeit eine vorgegebene Körperhaltung einnehmen. Der Schmerz entsteht dann durch die unausgewogene Muskelanspannung und die unnatürliche Belastung des Körpers.

Die Psychologie der Folter

Bei all den schlimmen Foltermethoden stellt sich die Frage: Wie können Menschen andere Menschen so grausam quälen?

Psychologisch wird sich die Folter dadurch erklärt, dass die strenge Hierarchie und die Befehle oder Duldung durch Vorgesetzte wichtige Kontrollmechanismen in der Psyche der Täter ausschalten. Folterungen, so heißt es, sind daher von nahezu allen Menschen zu erwarten.

Tatsächlich trifft das jedoch nicht zu. Die äußeren Bedingungen begünstigen zwar die Folter, aber entscheidend ist das zugrundeliegende Bewusstsein. Die Menschen wählen einen Beruf, der ihrem Bewusstsein entspricht.

Eine Neigung zum Sadismus ist ebenso schon im Bewusstsein vorhanden wie innere Themen, die auf den Feind projiziert werden. Der Schutz der eigenen Gemeinschaft ist naturbedingt veranlagt, die Übersteigerung zu grausamer Folter aber nicht.

Psychische Besonderheiten gelten, wenn Menschen regelrecht zu Folterern ausgebildet werden. Die zukünftigen Folterer werden während ihrer Ausbildung häufig selber schwer misshandelt und auch gezwungen, gegen ihre Kameraden gewaltsam vorzugehen und diese zu erniedrigen. Dadurch wird ihnen blinder Gehorsam und eine Akzeptanz exzessiver Gewalt eingeprägt.

Folter ist ein Machtinstrument, welches angewendet wird, um insbesondere in totalitären Staaten die politische Opposition einzuschüchtern. Zusätzlich dient sie der Bestrafung. Oftmals wird darüber hinaus ein äußerer, gefährlicher Feind erschaffen und durch die Massenmedien verbreitet, gegen den dann geschürte Aggression gerichtet wird.

Außerdem wird Folter im sogenannten „Krieg gegen den Terror" eingesetzt. Bis zu den Terroranschlägen vom 11. September 2001 hatte die USA eine deutliche Anti-Folter-Position eingenommen. Seitdem jedoch ist diese der obersten Priorität der Terrorismusbekämpfung untergeordnet.

Des Weiteren wird Folter angewendet, um Geständnisse zu erlangen und schnelle Ermittlungserfolge vorzuweisen. Dieses Foltermotiv der Wahrheitsfindung gehört dabei mit zur Machtherrschaft.

Die Justiz zählt in vielen Ländern zu den korruptesten Bereichen staatlicher Macht. Daher sind die Gerichte oft nicht unabhängig, sondern werden von den Mächtigen im Land kontrolliert. Das ist mit ein Grund, warum ignoriert wird, dass Aussagen, die auf Angst vor Leiden beruhen, inhaltlich nichts wert sind.

Tatsächlich geht es bei der Folter für Informationen aber auch sehr häufig von vornerein nicht um den Inhalt. Das Foltermotiv der Wahrheitsfindung kann in der Regel als vorgeschobenes Alibi angesehen werden.

Die Folter zur Wahrheitsfindung ist stattdessen die Kehrseite zu den sadistischen Machtgelüsten. Sie beruht nämlich auf der Angst vor Hilflosigkeit.

Das Folteropfer ist entweder ein Täter oder wird zumindest als Täter wahrgenommen. Verfügt dieser vermeintliche oder echte Täter über Informationen, die er vorenthält, findet eine Machtumkehr statt.

Die eigentlich überlegene und von sich selber als redlich überzeugte Autoritätsperson wird abhängig von der Entscheidung des mutmaßlichen Täters. Diese Hilflosigkeit ist innerlich unerträglich und wird durch Folter abreagiert.

Folter hat in den meisten Fällen mit Macht zu tun. Herrscher, politische Parteien und religiös begründete Autoritäten versuchen, durch Folter ihre Macht durchzusetzen.

Ebenso ist es bei den einzelnen Folterern. Auch sie wollen ihre Macht spüren. Das kann bis dahin gehen, sadistische Neigungen zu befriedigen und wird gestützt von einem starken inneren Bedürfnis, Hilflosigkeit zu vermeiden.

Die Folteropfer wiederum sind sehr vielfältig. Schlimmstenfalls trifft es völlig Unschuldige. Häufig werden Menschen zu Folteropfern, die den Interessen der Machthaber im Wege stehen, einer zu beherrschenden Gruppe angehören, als Projektionsfläche herhalten müssen oder der Abschreckung dienen.

Beim „Krieg gegen den Terror" geht es vor allem um die Macht der rationalen

Weltanschauung gegen die religiös begründete Macht. Dabei ist die rationale Macht nur so lange bereit, auf Folter zu verzichten, wie sie als Macht anerkannt wird.

Folter damals und heute

Bei nach wie vor weltweit verbreiteter Folter stellt sich die Frage, wie die heutige Foltersituation im Vergleich zu ihren Ursprüngen in der Antike zu beurteilen ist.

Informationen über das derzeitige weltweite Ausmaß an Folter gibt es nicht, weil Folter inzwischen als Straftat im Verborgenen stattfindet. In der Antike dagegen wurde in der Regel zwar öffentlich gefoltert, aber durch den zeitlichen Abstand liegen ebenso wenig konkrete Zahlen vor. Zusätzlich muss das zwischenzeitliche Bevölkerungswachstum mitberücksichtigt werden.

Im Grunde kann daher nur mit Sicherheit festgestellt werden, dass damals wie heute gleichermaßen gefoltert wurde und weiterhin wird.

Nachdem die Folter jahrtausendelang Bestandteil der Rechtssysteme verschiedenster Kulturen war, führte der Schrecken des Zweiten Weltkrieges zur Ablehnung von Folter. Die Terroranschläge vom 11. September 2001 allerdings bewirkten wiederum einen Rückschritt im globalen Kampf gegen die Folter. Insofern sind es eher oberflächliche Einflüsse, die eine nach wie vor vorhandene zugrundeliegende Folterbereitschaft beeinflussen.

Der Übergang zur Gewissensentscheidung ist dabei fließend. So ordnete der ehemalige Frankfurter Polizeivizepräsident Wolfgang Daschner in 2002 eine aus seiner Sicht lebensrettende Aussageerzwingung an. Nach schon gestandener Entführung, sodass die Täterschaft ohne Folter bereits zweifelsfrei feststand, erfuhr er durch beauftragte Folterandrohung den Aufenthaltsort des, allerdings bei der Befreiung dann schon toten, Jungen.

In diesem speziellen Einzelfall wäre die Gewissensentscheidung von Daschner richtig gewesen, wenn sie nicht durch die Weitergabe an einen Untergebenen institutionalisiert worden wäre. Der

Polizeivizepräsident hätte dem Entführer die Folter persönlich androhen müssen, weil er dann am Rechtssystem vorbei nur noch nach seinem Gewissen gehandelt hätte.

Die damaligen und heutigen Foltermethoden leiten sich jeweils aus den vorhandenen Möglichkeiten ab. Im alten Rom wurden Menschen den Abhang am Kapitolshügel, auf dem der wichtigste Tempel Roms stand und an dessen Fuß sich das Forum Romanum erstreckte, herabgestoßen. In Indien wurden Elefanten zur Folter eingesetzt und heute werden Stromstöße verwendet.

Todesstrafen für Hexen und Zauberer gab es schon in den antiken Hochkulturen Ägyptens, Babyloniens und Assyriens, aber nicht als gezielte Verfolgungen. Für Hexenverfolgungen ist in Europa das ausgehende Mittelalter im Übergang zur Neuzeit berüchtigt. Die Hochburgen des heutigen Hexenwahns sind Zentral- und Südamerika, die afrikanischen Länder südlich der Sahara, Papua-Neuguinea und Indien.

In der BRD wurde die Todesstrafe mit Einführung des Grundgesetzes 1949 abgeschafft. Zwei Anträge 1952 auf Wiedereinführung der Todesstrafe zur Abschreckung vor besonders schweren Straftaten wurden vom Bundestag abgelehnt. In der ehemaligen DDR wurde die Todesstrafe 1987 verboten.

Grundlegend verändert haben sich im Vergleich der Antike mit der Gegenwart eigentlich nur zwei Punkte. Erstens richtet sich heutzutage die offizielle, weltweite Grundeinstellung gegen die Anwendung von Folter. Zweitens gibt es eine ganze Reihe von Staaten, in denen so gut wie keine Folter mehr vorkommt.

Spannt man einen großen Bogen von damals zu heute, ergibt sich daraus ein Ablauf. Ursprünglich gab es keine Folter. Sie ist erst mit einer grundlegenden Fehlentwicklung im menschheitsgeschichtlichen Bewusstsein entstanden. Deren Ursache wird in

„Voran in die Vergangenheit"
beschrieben.

https://new-age-enlightenment.com/
product/weltumstellung/

Anschließend hatte nicht mehr der wahre
Gott, sondern eine bodenständige
Gottheitenvorstellung, weitgehend im

Sinne von Naturspiritualität, die höchste Autorität. Mit Beginn der Sesshaftigkeit wurde sich dann mehr irdisch orientiert und ab den Hochkulturen geht es deutlich erkennbar nur noch um Macht. Dadurch entstand die Folter als Machtinstrument.

Während der Phase der Machtkämpfe, insbesondere zwischen dem weiblich-naturbezogenen, dem religiösen und dem rationalen Weltbild, erreicht die Folter ihren Höhepunkt. Hat sich das rationale Weltbild durchgesetzt, braucht es nur noch zur Verteidigung dieses Weltbildes weiterhin Folter.

Sexualisierte Folter

Sexualisierte Folter kann zweierlei beinhalten: Zum einen die Beziehung zwischen Sex und Folter und zum anderen geschlechtsspezifische Besonderheiten bis hin zu dem Verhältnis von Frau und Mann. Diese große inhaltliche Bandbreite soll im Folgenden betrachtet werden.

Als „Folter" wird das gezielte Zufügen von psychischem oder physischem Leid definiert, welches einem bestimmten Zweck, beispielsweise der Wahrheitsfindung, dient. Mit dem bestimmten Zweck wird die Folter zum Sadismus abgegrenzt. Beim Sadismus stellt das Zufügen von Schmerzen einen Selbstzweck dar.

Doch tatsächlich wird die Wahrheitsfindung so häufig lediglich als Alibi benutzt und ist die Psyche der Folterer so oft sadistisch veranlagt, dass eine Unterscheidung nicht möglich ist. Außerdem geht es bei dem sadistischen Selbstzweck des Quälens, wie bei den meisten inoffiziellen Gründen für Folterungen, ebenfalls um Macht. Insofern kann der Zweck des gezielten Zufügens von Leid außer Acht gelassen werden.

Folter beinhaltet oftmals, das Opfer zu erniedrigen. Dies ist regelmäßig speziell durch Vergewaltigungen der Fall.

Vergewaltigungen sind von der Entstehung des Folterns an eine Form der Folter.

In vielen Ländern werden Frauen Opfer von Vergewaltigungen durch Staatsbedienstete. Männer werden ebenfalls vergewaltigt, doch werden sie tendenziell eher verprügelt. Die Hauptbetroffenen von Vergewaltigungen sind Frauen.

Weltweit gehören Vergewaltigungen außerdem zur Kriegsstrategie. Diese schon sehr alte Kriegsstrategie verstößt gegen das Kriegsrecht und gegen die Menschenrechte. Dennoch wird sie weiterhin angewendet.

In patriarchalen Gesellschaften gilt die Vergewaltigung ihrer Frauen als besondere Demütigung der Männer. Massenhafte Vergewaltigungen wirken sich daher auf das soziale Gefüge ganzer Gesellschaften aus. Die Vergewaltigungen bedeuten häufig die Zerstörung des sozialen Zusammenhalts, weil die vergewaltigten Frauen stigmatisiert werden. Ihre eigene Familie und ihr eigenes Umfeld grenzen die vergewaltigten Frauen aus.

Zu den psychischen und sozialen Folgen kommen körperliche hinzu. Diese beinhalten Risse in der Vagina und im Darm bis hin zu Beckenbrüchen. Manche Frauen können infolge ihrer Verletzungen keine Kinder mehr bekommen, andere erleben Komplikationen bei der Geburt. Das Risiko, schwanger zu werden oder sich mit Geschlechtskrankheiten zu infizieren, ist ebenfalls hoch.

Ein Beispiel für Vergewaltigungen als Kriegsstrategie ist die türkische Armee, welche diese gegen die kurdische Bevölkerung einsetzt. Die gesamte kurdische Gesellschaft wird dadurch erniedrigt, dass sie ihrem patriarchalen Selbstverständnis nach die „Ehre" ihrer Töchter nicht verteidigen kann.

Auch Inhaftierungen dienen demselben Zweck. Wird eine Frau von Sicherheitskräften abgeholt, weiß die Nachbarschaft, dass die Frau vergewaltigt wird.

Ein weiteres Beispiel für Vergewaltigungen als Kriegsstrategie ist Syrien. Die Frauen werden mit dem Ziel vergewaltigt, die Familien zu zerstören und dadurch den Widerstand in der Gesellschaft zu brechen.

Täter sind die Vergewaltiger, insbesondere Staatsbedienstete, Polizisten und Armeeangehörige. Doch die gesellschaftlich große zerstörerische Wirkung beruht auf dem patriarchalen Weltverständnis.

Damit sind wir bei der eigentlichen Folter gegenüber Frauen, nämlich dem patriarchalen Weltverständnis. In den Gefängnissen werden Frauen und Männer methodisch manchmal unterschiedlich, aber gleichermaßen gefoltert. Als Kriegsstrategie sind besonders Frauen von den Vergewaltigungen betroffen, die aber auf die gesamte Gesellschaft zielen und nur aufgrund des patriarchalen Weltbildes so besonders stark wirken.

Der wirkliche Unterschied besteht daher nicht in den Ausnahmesituationen Krieg und Gefängnis, sondern im ganz normalen Alltag. In diesem haben es Frauen weltweit mit Vergewaltigungen und häuslicher Gewalt zu tun.

Gerade einmal vor rund 30 Jahren, erst 1993, wurde eine Erklärung über die Beseitigung der Gewalt gegen Frauen von den Vereinten Nationen verabschiedet. Sie erkennen damit Gewalt gegen Frauen international als Menschenrechtsverletzung an. Seitdem wird in den Mitgliedstaaten vermehrt etwas gegen häusliche Gewalt unternommen.

So lange jedoch noch nicht in allen Ländern gegen Vergewaltigungen in der Ehe und gegen häusliche Gewalt vorgegangen wird, werden Frauen weiterhin durchgängig gefoltert. Selbst in

Deutschland wird Vergewaltigung in der Ehe erst seit 1997 als Verbrechen gewertet.

Es stellt sich die Frage, wieso häusliche Gewalt überhaupt verbreitet ist. In Form von häuslicher Gewalt ist das Foltern selbstverständliche gesellschaftliche Alltagsnormalität. Selbst in Ländern, in denen eheliche ebenso wie außereheliche Vergewaltigungen und häusliche Gewalt verboten sind, kommen sie weiterhin vor.

Dabei geht es für diese Betrachtung noch nicht einmal um Gleichberechtigung, sondern alleine um Folter. Festzustellen ist, dass Frauen weltweit, in unterschiedlichem Ausmaß als unrechtmäßig oder rechtmäßig gewertet, gefoltert werden.

Beispielsweise sind im Südsudan bis zu 65% der Frauen und Mädchen körperlicher und sexueller Gewalt ausgesetzt. Das heißt, der überwiegende Anteil der weiblichen Bevölkerung wird im ganz normalen Alltag regelmäßig gefoltert.

Syrerinnen werden gequält, wenn sie sich nicht der Scharia entsprechend komplett verhüllt kleiden. Zur Bestrafung wird bevorzugt ein sogenannter „Beißer" verwendet. Das ist ein scharfes Gerät mit zwei eisernen Kiefern und spitzen Zähnen. Der Beißer wird auf die Brust der Frau gesetzt und mit aller Kraft gepresst.

Dadurch reißt er kleine Stücke Fleisch aus dem Körper des Opfers.

Eine ganz besonders grausame Folter von Frauen ist die weibliche Beschneidung. Zahlreiche Konventionen und Resolutionen der Vereinten Nationen stufen die weibliche Genitalverstümmelung inzwischen als schwere Menschenrechtsverletzung ein.

Doch im westlichen und nordöstlichen Afrika ist die Frauenbeschneidung eine tief verwurzelte Tradition. Insbesondere in Somalia, Guinea und Dschibuti ist die Verstümmelung fast flächendeckend verbreitet. Mehr als 90 % der Frauen sind dort beschnitten.

Die Verstümmelung wird in der Regel ohne Betäubung und mit unhygienischen, manchmal sogar stumpfen, Instrumenten durchgeführt. In vielen Fällen führt der Eingriff zum Tod. Die überlebenden Frauen sind psychisch traumatisiert.

Nach der eigentlichen Tortur der genitalen Beschneidung werden während der Heilung weiterhin schlimmste Qualen beim Urinieren erfahren. Anschließend setzt sich die Folter lebenslang beim Geschlechtsverkehr und dem Gebären von Kindern fort.

Die Genitalverstümmelung ist bereits seit ca. 5.000 Jahren ein festes Ritual. Dies belegen unter anderem mumifizierte Körper pharaonischer Prinzessinnen.

Tatsächlich beruht die Beschneidung jedoch schon auf der Weltumkehr ins Böse vor 60.000 Jahren, wie in „Voran in die Vergangenheit" beschrieben.

Die Folter wird an Mädchen bereits vom Säuglingsalter an bis zur Pubertät vorgenommen. Ohne Verstümmelung wird das Mädchen als „unrein" von der Gemeinschaft verstoßen. Die Männer weigern sich oft, „sexuell freizügige" unbeschnittene Mädchen oder Frauen zu heiraten.

Weltweit sind ungefähr 200 Millionen Frauen von dieser schweren Menschenrechtsverletzung betroffen. Eine Genitalverstümmelung kann nicht rückgängig gemacht werden.

Heutzutage sind die meisten Opfer Musliminnen. Daher hat die Menschenrechtsorganisation „PRO-Islamische Allianz gegen Weibliche Genitalverstümmelung" das Ziel, den Brauch als unvereinbar mit dem Koran und der Ethik des Islam zu verbreiten. Hochrangige islamische Autoritäten haben sich dieser Allianz angeschlossen.

Ein ganz anderer Blick auf den Zusammenhang von Sex und Folter bezieht sich nicht auf die Anwendung von Vergewaltigungen und sonstigen sexuellen Demütigungen als Folter. Stattdessen finden sich diese Foltermethoden als Stimulanzien im Sex wieder. Beim Sadomasochismus werden

Lust und Befriedigung durch die Zufügung oder das Erleben von Schmerz, als Macht oder Demütigung, empfunden.

Darüber, wie verbreitet Sadomasochismus ist, gehen die Ansichten auseinander, reichen aber bis zu einem Viertel der Bevölkerung. Hinzu kommen in ihrer Verbreitung nicht überschaubare sadomasochistische Phantasien.

Es handelt sich also keineswegs um ein zu vernachlässigendes gesellschaftliches Randphänomen. Ganz im Gegenteil sind Sadismus und Masochismus, Macht und Ohnmacht als Basis für Folter offenbar viel mehr ein Bestandteil der „Normalität" als sich eingestanden wird.

Ebenso ist es mit der Lust am Quälen als Freizeitvergnügen. In der Antike gab es die grausamen „Spiele" in der Arena der Römer. Im Mittelalter wurde sich an den öffentlichen Bestrafungen und Hinrichtungen ergötzt. Heute findet sich die Entsprechung im Fernsehen, im Internet und in den Kinos bis hin zu Horrorfilmen. An den grausamen grimmschen Märchen wird sogar nach wie vor als Kulturgut und Weisheitsliteratur festgehalten.

Vor diesem Hintergrund sind die verbotenen Folterungen und sonstigen Menschenrechtsverletzungen nur die Spitze eines Eisberges. Zudem werden selbst diese Verbote noch nicht einmal weltweit eingehalten.

Das hat einen Grund: Die Ursache für all die Grausamkeiten ist viel tiefer verankert, als dass sie durch Vereinbarungen beseitigt werden könnten. Die Ursache befindet sich im zugrundeliegenden Bewusstsein.

Das Folterbewusstsein

Aus der Psychologie sind insbesondere zwei Experimente bekannt, die sich mit Folter beschäftigen.

Im Milgram-Experiment ging es um die Bereitschaft durchschnittlicher Menschen, auf Anweisung anderer Menschen Schmerz zuzufügen, auch wenn es dem eigenen Gewissen widersprach. Ein Versuchsleiter als Autoritätsperson gab der jeweiligen Testperson, einem „Lehrer", die Anweisung, einem „Schüler", tatsächlich einem Schauspieler, bei Fehlern elektrische Schläge zu versetzen. Deren Intensität war nach jedem weiteren Fehler zu erhöhen. Die Stromschläge erfolgten nicht real, was die Testpersonen aber nicht wussten. Diese gingen davon aus, den „Schülern" echte Schmerzen zuzufügen.

Das Ergebnis des Experiments war, dass erwachsene Menschen dazu bereit waren, einer Autoritätsperson fast beliebig weit zu folgen. Obwohl das Experiment bereits 1961 durchgeführt wurde, konnte der Autoritätsgehorsam bis heute nicht erklärt werden.

Beim Stanford-Gefängnis-Experiment wurden Studenten in die Situation von Gefängniswärtern und Gefangenen versetzt, worauf es innerhalb weniger Tage zu Misshandlungen kam. Das

Experiment geriet außer Kontrolle, sodass es abgebrochen werden musste.

Als Ursache der Eskalation wird ein Zusammenwirken situationsbedingter Faktoren angenommen. Ebenso wird für möglich gehalten, dass die Versuchsteilnehmer lediglich auslebten, wie sich Wärter und Gefangene in einem Gefängnis ihrer Ansicht nach „typisch" verhalten.

Beide Experimente zeigen, ebenso wie die Realität, dass die meisten Menschen in konkreter Situation zur Folterung bereit sind.

Die Ursache dafür ist das Geschehen vor 60.000 Jahren. Deswegen ist der Titel

„Voran in die Vergangenheit" für die Erklärung zu dem Geschehen von damals nicht nur in Hinblick auf die Science-Fiction-Film-Trilogie „Zurück in die Zukunft" gewählt. Die Menschheit muss vielmehr ihre Vergangenheit verstehen, um offen für eine neue, gute Zukunft zu sein.

Damals wurde die natürliche, gesunde Entwicklung des menschlichen Bewusstseins dermaßen verdreht und zerstört, dass sich das kollektive Bewusstsein fehlentwickelt hat. Dies hat sich zugleich auch auf das individuelle Bewusstsein der Menschen ausgewirkt, sodass alle heutigen Menschen nur noch über ein reduziertes, fehlentwickeltes

Bewusstsein verfügen und dies für normal halten.

Von dem gesunden, vollständigen transzendenten Bewusstsein identifizieren sich die Menschen nur noch unbewusst mit einzelnen Anteilen. Tatsächlich sieht das gesunde, vollständige transzendente Bewusstsein folgendermaßen aus:

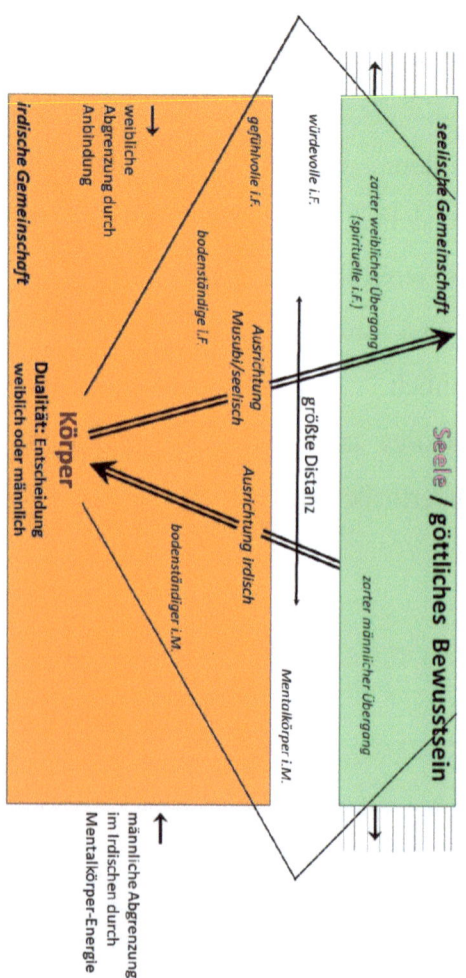

Musubi

Seele / göttliches Bewusstsein

seelische Gemeinschaft

zarter weiblicher Übergang (spirituelle i.F.)

würdevolle i.F.

gefühlvolle i.F.

bodenständige i.F.

Ausrichtung Musubi/seelisch

größte Distanz

Körper

Ausrichtung irdisch

bodenständiger i.M.

Mentalkörper i.M.

zarter männlicher Übergang

irdische Gemeinschaft

weibliche Abgrenzung durch Anbindung

Dualität: Entscheidung weiblich oder männlich

männliche Abgrenzung im Irdischen durch Mentalkörper-Energie

© Ayleen Lyschamaya

90

Die Abkürzungen i.F. und i.M. in der Grafik sind die Bewusstseinsinhalte innere Frau und innerer Mann. Diese sind die Erwachsenen im Bewusstsein, welche konkret irdisch gestalten. Hinzu kommen das innere Kind und karmische Erfahrungen aus früheren Leben.

Menschen, welche die Einheit mit Musubi als Nirvana erfahren haben, gelten als im buddhistischen Sinne erleuchtet. Andere, die sich hauptsächlich mit ihrer Seele identifizieren, gelten als ganz besondere, oftmals nicht mehr als menschlich angesehene Personen, die in der Esoterik und in den Religionen vielfältig unterschiedlich bezeichnet werden. Das bekannteste Beispiel ist Jesus.

Die normalen Durchschnittsmenschen identifizieren sich mit den Bewusstseinsinhalten, die der irdischen Gemeinschaft zugeordnet sind. Meistens stehen ein oder zwei Bewusstseinsinhalte im Vordergrund, während die anderen mehr oder weniger zugänglich bis hin zu vollständig verdrängt sind.

In einem gesunden Bewusstsein sind alle Anteile vorhanden, gleichermaßen wertvoll und kooperieren miteinander unter der Führung der Seele und des göttlichen Bewusstseinsanteils nach der Anleitung von Musubi. Ein Mensch mit solch einem gesunden und auf Musubi ausgerichteten Bewusstsein würde niemals foltern.

Da jedoch alle Menschen über ein fehlentwickeltes Bewusstsein mit verletzten Persönlichkeitsanteilen verfügen, können einzelne Bewusstseinsinhalte zu Folterern werden. Begünstigt wird dies durch situationsbedingte Einflüsse wie beispielsweise Gefängnisse und Kriege. Immer aber bleibt es die persönliche freie Willensentscheidung, für die jeder Mensch selber verantwortlich ist.

Ein entarteter Mentalkörper-Innerer-Mann in Verbindung mit seinem karmischen Dominanzsystem und sehr verletzter innerer Frau und ebenso verletztem inneren Kind könnte zum Sadisten werden. Diese innere Konstellation ist keineswegs selten.

Die bodenständigen Bewusstseinsinhalte orientieren sich nach oben. In einem vollständigen und gesunden Bewusstsein wäre das über die übergeordneten Bewusstseinsinhalte letztlich an Musubi. Ohne diese gesunde eigene innere Orientierung weichen sie auf Autoritätspersonen und die Gemeinschaft als Ganzes aus. Daher haben bodenständig identifizierte Menschen eine Veranlagung zu Autoritätsgehorsam. Finden sie dagegen ihren Halt in einer Gemeinschaft, kann diese sich auch darin stabilisieren, gegen Autoritäten zu sein.

Ein Beispiel für diese Art von Folterer ist der Henker in „Der Scharfrichter, Ein Henkersleben im Nürnberg des 16. Jahrhunderts" von Joel F. Harrington. Dieser bodenständige Mann führt seinen Scharfrichterberuf gewissenhaft, ohne jegliche sadistische Neigung, nach den Anweisungen der Autoritäten aus. Von der Gesellschaft geächtet, orientierte er sich an den Autoritäten.

Grausame Strafen gaben den Menschen ein Gefühl von Gerechtigkeit, Sicherheit und Ordnung in einem ständig bedrohten Leben, beispielsweise durch Säuglingssterblichkeit, die Gefahren der Geburt, Seuchen, Hungersnöte, Diebesgesindel, Brände und übernatürliche Mächte (Hexen, Dämonen und Teufel). Insofern kam zum Motiv der Macht für Folter das Motiv der Angst hinzu.

Beide Foltermotive lassen sich einheitlich beseitigen durch Vertrauen in Musubi mit persönlicher Bewusstseinsentwicklung. Deswegen hat Musubi den Menschen zehn neue Gebote gegeben, von denen das achte Gebot lautet:

8) Ihr sollt euer Bewusstsein entwickeln, auf dass es euch wohlergehe auf Erden.

http://www.bewusstseinsexpertin.de/mus ubi´s-10-gebote.pdf

Überfremdung durch Geflüchtete

Die Flüchtlingshilfe der Vereinten Nationen schreibt auf ihrer Website: „Ende 2023 lebten 2,6 Millionen Flüchtlinge und Schutzsuchende in Deutschland. Damit gehört Deutschland zu den führenden Aufnahmeländern von Flüchtlingen weltweit." Was wie ein Kompliment für Deutschland klingt, ist jedoch tatsächlich fehlende Abgrenzung.

Grundsätzlich gehören die Menschen in ihr Land, egal aus welchem Grund sie flüchten. Die Welt ist ein Bewusstsein mit unterschiedlichen Bewusstseins- schwerpunkten und -inhalten der einzelnen Länder. Die Menschen inkarnieren sich dort, wo sie ihre individuelle und kollektive Entwicklungsaufgabe haben. Deshalb sollen sie in ihrem Land bleiben und gegebenenfalls dort Veränderungen bewirken.

Dem steht auch nicht entgegen, dass sich ursprünglich mal die Menschheit in Afrika entwickelte und von dort aus den gesamten Globus eroberte. Zu der Zeit befand sich das menschheitsgeschichtliche Bewusstsein noch undifferenziert im seelischen Ausbreitungsstadium, sodass der Aufbruch aus Afrika dem damaligen Bewusstsein entsprach.

Heute ist das Bewusstsein der Menschheit bis in die irdische, auf den Punkt bringende Abgrenzung differenziert und deswegen ist diese auch zu leben. Die Länder haben jeweils ihre eigenen Entwicklungsaufgaben für das Bewusstsein der dort inkarnierten

Menschen, der sich die Menschen nicht zu entziehen haben.

Wie im individuellen Bewusstsein ist auch das Weltbewusstsein universell angebunden zu gestalten, statt abhängig strukturverstrickt von anderen Ländern zu bekommen. Die Suche im Irdischen ist zu beenden, weil das Irdische stattdessen vom Seelisch-Göttlichen aus zu gestalten ist. Daher sind alle weiteren Asylanträge abzulehnen und die Geflüchteten in ihre Heimatländer zurückzuführen.

Wenn sich umgekehrt Wirtschaft und Politik darüber einig sind, dass die deutsche Gesellschaft für den Arbeitsmarkt (Fachkräftemangel) und die Altersstruktur (Überalterung) auch auf

Einwanderung angewiesen ist, so sind diese Probleme alleine von den Deutschen zu lösen.

Bei der Asylpolitik ist zwischen der regulären Aufnahme von Geflüchteten, deren illegaler Einwanderung und der Rückführung von abgelehnten Asylbewerbern zu unterscheiden.

Wenn sich ein Staat, beispielsweise Syrien, nicht an die Antifolterkonvention hält, gibt es keinen Grund, sich umgekehrt einseitig an diese zu halten und Geflüchtete aufzunehmen. Die Antifolterkonvention schließt stattdessen eine Aufnahme von Geflüchteten aufgrund von Folter aus, weil es diese gar nicht geben dürfte. Hinzu kommt, dass hauptsächlich syrische Männer Asyl beantragen, während ihren Frauen der Bürgerkrieg weiterhin zugemutet wird.

Zur Bekämpfung irregulärer Migration hat Deutschland, zusätzlich zu den Kontrollen an der Grenze nach Österreich, vorübergehend auch Kontrollen an den Grenzen zu Tschechien, Polen und der Schweiz eingeführt. Diese Maßnahmen sind mit den Nachbarstaaten abgestimmt und haben bereits erste Erfolge gegen Schleusergruppen bewirkt.

Musubi bestimmt, diese Grenzkontrollen dauerhaft beizubehalten und weitere zusätzlich einzuführen. Eine gesunde

Abgrenzung ist wichtig für das Bewusstsein.

Davon zu unterscheiden sind Kooperationen und Zusammenschlüsse, die nicht auf einseitiger Bedürftigkeit beruhen. Dazu zählt beispielsweise die Europäische Union als solche.

In 2023 wurden 16.430 Personen aus Deutschland in ihre Heimatländer zurückgeführt. Tatsächlich jedoch waren im selben Jahr mit 48.700 Personen mehr als die doppelte Anzahl ausreisepflichtig. Der nur geringe zurückgeführte Anteil liegt unter anderem daran, dass nicht mit allen Herkunftsländern entsprechende Vereinbarungen bestehen.

Die Lösung, die Musubi vorgibt, ist sehr einfach. Es werden gar nicht erst Geflüchtete ins Land gelassen, dann brauchen sie auch nicht wieder abgeschoben zu werden. Das gilt insbesondere für die unkooperativen Herkunftsländer, aber über diese hinaus ganz grundsätzlich.

Erscheint dieses radikale Vorgehen gegenüber gefolterten Menschen grausam? Wenn sie die Möglichkeit oder gar Wahrscheinlichkeit für Folter in ihrem Bewusstsein fehlentwickelt haben, müssen sie zuerst ihr Bewusstsein heilen, bevor sich etwas im Irdischen verändern kann und sie sich eine positive Zukunft gestalten.

Ich selber bin diejenige, die genau so eine Aussage machen kann, weil Musubi und ich solche Grausamkeiten persönlich über etwa 700 Inkarnationen von mir hinweg erlebt haben. Musubi hat voller Mitgefühl meine schlimmen Erfahrungen mit ansehen (und mit mir als Aspekt von ihm selber mitfühlen) müssen, weil vor 60.000 Jahren auch mein Bewusstsein als Opfer falsch geprägt wurde. Die Lösung für alle Menschen, auch für die Opfer, ist Bewusstseinsentwicklung, um dadurch dann ein positives Leben zu gestalten.

Das bedeutet allerdings nicht, dass die Opfer schuld an irgendetwas wären und gibt den Tätern auch keine Erlaubnis für ihre Gräueltaten. Ganz im Gegenteil haben sie diese zu verantworten und wieder aufzuräumen oder werden – bei absoluter Entscheidung für das Böse – ausgelöscht; das heißt, sie werden mitsamt ihrer Seele vollständig vergehen.